명시 인문학

고석근 편저

명시 인문학

고석근 편저

울도국

■ 머리말

옳은 길을 가기 위해
항상 자신을 반성하고
자신을 다잡아야
하는 게 인생일까요?

인생이 억지로 해야 하는
무슨 숙제 같은 것일까요?

인간 외의 모든 생명체는
타고난 본성대로 살아도
아무 문제가 없는데

왜 인간은
타고난 자신을
죄인 취급하며
살아야 할까요?
　　　*　*
저는 인간은
마음대로 살아도 되는
존재라고 생각합니다.

마음은 물과 같아
자연스럽게 흐르게 하면

저절로 맑아지며
노래하기 때문입니다.

그래서
항상 마음을 옥죄고
살지 않아도
올바르그 행복하게
살 수 있는
존재라그 생각합니다.
  * *
우리 마음이
물처럼 흐를 때

세상은
사시사철
꽃으로 만발하고
새들이 노래하는
낙원이 되리라 생각합니다.

저는 시를 읽으겨
그런 세상을
예감합니다.

고석근

▎차례

I 문구멍

문구멍 - 신현득 · 12
자기 연민 - 데이비드 로렌스 · 14
병든 장미 - 윌리엄 블레이크 · 16
蓮 - 허영자 · 18
경산민요 · 20
꿈속의 넋 - 이옥봉 · 22
동짓달 기나긴 밤을 - 황진이 · 24
봄날 오후 - 김선우 · 26
사랑은 이 세상의 모든 것 - 에밀리 디킨슨 · 28
악한 자의 가면 - 베르톨트 브레히트 · 30
커브 - 폴 엘뤼아르 · 32
새는 하늘을 자유롭게 풀어놓고 - 황인숙 · 34
부두 위 - 토머스 흄 · 36
산에서 보는 달 - 왕양명 · 38
오래된 연못 - 마쓰오 바쇼 · 40
감각 - 아르튀르 랭보 · 42
우리가 물이 되어 - 강은교 · 44
그리운 악마 - 이수익 · 46

II 나룻배와 행인

봄 구경 - 환성 지안 · 50
할아버지 - 정지용 · 52
가을 - 토머스 훔 · 54
이방인 - 샤를 보들레르 · 56
금잔디 - 김소월 · 58
꽃나무 - 이상 · 60
나룻배와 행인 - 한용운 · 62
호주머니 - 윤동주 · 64
무명인 - 에밀리 디킨슨 · 66
우연히 읊다 - 조식 · 68
제사 지내는 노래 - 이달 · 70
모기는 안다 - 데이비드 로렌스 · 72
우화 - 랄프 왈도 에머슨 · 74
학 - 백거이 · 76
유리창1 - 정지용 · 78
두꺼비 - 박성우 · 80

Ⅲ 또 다른 고향

산 너머 저쪽 - 칼 붓세 · 84
그날 - 이성복 · 86
파장 - 신경림 · 88
땅감나무 - 권태응 · 90
생각 - 월트 휘트먼 · 92
대추 따는 노래 - 이달 · 94
위층 아기 - 안도현 · 96
교신 - 이면우 · 98
술꾼 봉도 - 이동순 · 100
일곱 걸음에 지은 시 - 조식 · 102
독나무 - 윌리엄 블레이크 · 104
바다와 나비 - 김기림 · 106
눈길을 걸을 때 - 서산대사 · 108
또 다른 고향 - 윤동주 · 110
빼앗긴 들에도 봄은 오는가 - 이상화 · 112

Ⅳ 사람 지나간 발자국

사람 지나간 발자국 - 이경림 · 116
아름다운 여인들 - 월트 휘트먼 · 118
무지개 - 윌리엄 워즈워드 · 120
감자 꽃 - 권태응 · 122
소스라치다 - 함민복 · 124
나무들 - 조이스 킬머 · 126
매우 가벼운 담론 - 조말선 · 128
우울증 - 문정희 · 130
표절 - 김경미 · 132
홀로 웃다 - 정약용 · 134
달 아래에서 홀로 술을 마시다 - 이백 · 136
멀건 죽 한 그릇 - 김삿갓 · 138
봄비 내리는 밤 - 두보 · 140
도인을 찾아서 - 가도 · 142
산중문답 - 이백 · 144
육조 혜능의 게송 · 146

Ⅰ 문구멍

세상엔
얼마나 많은 마음이 있을까

문구멍

신현득

빠꼼빠꼼
문구멍이
높아간다.

아가 키가
큰다.

📖

아기는 엄마 따라 웃으며
자기 마음과 엄마 마음이
통한다는 것을 알게 된다.

세상엔
얼마나 많은 마음이 있을까.

아기는 계속
문구멍을 찢으며
세상을 내다본다.

세상엔
무수한 마음이 있음을
알게 된다.

우주만큼 큰마음도
있음을 알게 된다.

자기 연민

데이비드 로렌스

나는 자기 연민에 빠진
야생 짐승을 본 적이 없다.
작은 새가 나뭇가지에서 얼어 죽어 떨어질 때
자신의 존재에 대해 전혀 슬퍼하지 않으리라.

📖

태어나자마자
먹을 것을 찾아나서는
짐승과 달리

아기는 한동안 누워서 지낸다.
누워서 누군가의 보살핌을 받으며 산다.

아기는 자신이 원하기만 하면
다 이루어지는 신비한 체험을 한다.

아기의 마음이 한껏 부푼다.
풍선처럼 둥둥 하늘로 날아오른다.
그러다 한순간
바람이 빠져 추락한다.

커서도 이 기억에서 벗어나지 못한다.
누군가 봐주지 않으면 견디지 못한다.

아무도 봐주지 않으면
자신을 학대하여
자신의 존재감을 느끼려 한다.

병든 장미
윌리엄 블레이크

오 장미여, 너는 병들었구나!
보이지 않는 벌레가
깊은 밤
울부짖는 폭풍 속을 날아와

너의 침상에서
진홍빛 환희를 찾아내어
그 어둡고 은밀한 사랑으로
너의 생명을 파괴하는구나.

📖

영혼이 깃들지 않은
육체의 사랑은
파괴만 남는다.

'병든 장미'엔
파괴되어
순수한 사랑으로 부활하고픈
간절한 소망이 깃들어 있다.

우리는
파괴되어야 한다

하지만
그 파괴엔
영적 기운이 감돌아야 한다.

우리의 사랑은
파괴만 남은
병든 사랑이다.

蓮
허영자

꽃아

정화수에 씻은 몸
새벽마다
參禪하는

미끈대는 검은 욕정
그 어둠을 찢는
처절한
미소로다

꽃아
연꽃아.

📖

우리의 희망은
끝내
육체이다.

영혼의 집은
육체.

진흙에서
연꽃이 피어나듯

육체에서
영혼이 피어난다.

욕정의 불길은
육체에서
영혼을 빚어낸다.

경산 민요

백화노단 속곳 넓어서 좋고
호장저고리는 짧아서 좋고
야야야 총각아 손목을 놓게
길상사 접저고리 등이 나간다.

📖

인간은 사랑을 함으로써
동물과 결별한다.

사랑하면서
사람에 대한 무조건적인 애정
세상에 대한 무한한 신뢰
……
이런 고결한 인간적 품성을 배운다.

나아가 내면에 깊이 잠든
영혼을 깨우게 된다.

사랑을 제대로 해보지 않은 사람은
평생
욕정을 찾아 헤맨다.

청춘시절의 육체의 사랑은
서로의 몸속에
신이 깃들어 있음을
깨닫는 영적 결합이다.

꿈속의 넋
이옥봉

요즈음 어떻게 지내시는지요?
달빛 어린 창가에서 시름에 젖네.
꿈속의 넋이 흔적을 남긴다면,
문 앞의 돌길이 반쯤은 모래가 되었을 것을.

📖

사랑은
작은 죽음이다.

잠시
자신이 사라지는 것.

인간은
'나'라는 게 힘들다.

이 세상에
내던져진 존재.

'나'를 벗어나
무한(無限)과 하나가 되는 것.

그것이 사랑이다.

삶과 죽음의
하나 됨.

인간만이 사랑을 한다.

동짓달 기나긴 밤을
황진이

동지ㅅ달 기나긴 밤을 한 허리를 버혀내어
춘풍 니불 아래 서리서리 너헛다가
어론님 오신 날 밤이여든 구뷔구뷔 펴리라

📖

지금 이 순간에는
모든 지나간 시간들이
축적되어 있고
다가올 시간들은
지금 이 순간에서 싹이 튼다.

그래서 지금 이 순간은
찰나이면서 영원이다.
지금 이 순간에
완전히 몰입할 수 있다면
우리는 찰나를 살면서도
영원히 살 수 있다.

영원한 사랑이란
지금 이 순간에
사랑이 폭발하는 것이다.
황진이는
영원한 사랑을 하고 있다.

그래서 그녀는
우리 역사에서
가장 아름다운 여성이 되었다.

봄날 오후
김선우

늙은네들만 모여 앉은 오후 세시의 탑골공원
공중변소에 들어서다 클클, 연지를
새악시처럼 바르고 있는 할마시 둘
조각난 거울에 얼굴을 서로 들이밀며
클클, 머리를 매만져주며
그 영감탱이 꼬리를 치잖여— 징그러바서,
높은 음표로 경쾌하게
날아가는 징·그·러·바·서,
거죽이 해진 분첩을 열어
코티분을 꼭꼭 찍어바른다
봄날 오후 세시 탑골공원이
꽃잎을 찍어놓은 젖유리창에 어룽어룽,
젊은 나도 백여시처럼 클클 웃는다
엉덩이를 까고 앉아
문밖에서 도란거리는 소리 오래도록 듣는다
바람난 어여쁜, 엄마가 보고 싶다

📖

인간은 사랑을 해야
인간이 된다.

사랑을 해보지
않은 인간들은

킬킬
백여시가 되어

인간이 될 기회를
호시탐탐 노린다.

탑골공원은 늘
반인반수들로 붐빈다.

그들의 간절한 소망을
시인이 아니고서야
어느 누가 들을 수 있겠는가?

사랑은 이 세상의 모든 것
에밀리 디킨슨

사랑은 이 세상의 모든 것
우리가 사랑이라 알고 있는 모든 것
그것은 충분하지, 하지만 그 화물은
자신의 그릇만큼만 담을 수 있다네.

📖

내 몸이
할 수 있는 만큼이
내가
할 수 있는 사랑이다.

따라서
사랑을 하려면
몸이 바뀌어야 한다.

꾸준히
몸을 갈고
닦아야 한다.

사랑을 행할 수 없는 몸은
결국
악을 행할 수밖에 없다.

우리가
종종
남들에게
미움을 받는 이유이다.

악한 자의 가면
베르톨트 브레히트

내 방 한 벽면에는 일본 목제품이 걸려있다.
금색 칠을 한 악마 형상의 가면이다.
전율하며 불거져 나온 이마의 핏줄을 보고 있으면
악할 수 있다는 것이
얼마나 힘든 일인가를 느낀다.

📖

남을 저주하는 사람은
자신의 입에 독을 머금게 된다고 한다.

그래서 용서는
자신을 위해서 하는 것이다.

우리가 미워하는
모든 사람은
알고 보면
내 안의 검은 내 모습들이다.

살아오면서
억울하게 혹은
영문도 모르고
당해 온
상처투성이의
내 모습들이다.

그래서
사랑은
자신과 남을 향해
동시에 행해진다.

커브

폴 엘뤼아르

나는 소망한다
내게 금지된 것을

📖

우리는 왜
금기를 위반해야 진실에 이를까.
숨 막히는 전율과 깊이를 알 수 없는 죄의 강.
그 심연의 강을 건너야
우리는 진실에 이르게 되는 걸까.
그것은
인간이 금기를 만드는 순간
우리의 일상은 누추해져버리기 때문이다.
누추해져 버린 일상 너머의 금기의 영역.
그 영역은 신비의 빛으로 가득 차오른다.

저 신성한 세계로 가기 위해선
우리는 죄인이 되어야 한다.
죄인이 되어 금기의 강물에 발을 담그는 순간,
우리는 그 강이 허상임을 깨닫는다.
거기엔 강물도 없고 빛도 없다.

아, 그 순간
우리의 누추한 일상이
신비의 광휘에 휩싸인다.
우리는 홀연 깨닫는다.
이 세상이 화엄(華嚴)이다!

새는 하늘을 자유롭게 풀어놓고
황인숙

보라, 하늘을.
아무에게도 엿보이지 않고
아무도 엿보지 않는다.
새는 코를 막고 솟아오른다.
얏호, 함성을 지르며
자유의 섬뜩한 덫을 끌며
팅! 팅! 팅!
시퍼런 용수철을 튕긴다

📖

만일 새가 없었다면
우리는 하늘로 날아오르지
못했을 것이다.

하늘은
우리 머리 위를 짓누르는
딱딱한 물체였을 것이다.

우리가 새가 되어
하늘로 날아오르자

하늘은 굳었던 몸을 풀고
해와 달이 돌고
구름이 오가고
별들이 총총총 빛나게 되었다.

부두 위
토머스 흄

한밤중 고요한 부두 위
밧줄 드리운 높다란 돛대 끝에
달이 걸려 있다. 그처럼 멀어 보이는 건
놀다 잃어버렸던 어린 아이의 풍선뿐이다.

📖

우리가
어릴 적
잃어버렸던 것들은
사라지지 않았다.

하늘로 올라가
해와 달과 별이 되어 있다.

그래서 우리는
언제고
다시 찾고 싶으면
하늘을 올려다보기만 하면 된다.

그러나
하늘은 거대한 거울이다.

실은
우리 마음속에 있는 것들이
하늘에 비치고 있는 것이다.

산에서 보는 달

왕양명

산은 가깝고 달은 멀어 달이 작게 느껴져,
그저 편하게 이 산이 달보다 크다고 말하네.
만약 하늘처럼 큰 눈을 가진 이가 있다면,
산이 작고 달이 더 크다는 것을 볼 수 있으리라.

📖

서양에서
원근법이 생겨났다.
가까운 것은 크고
먼 것은 작다는 것을
발견했다.

하지만 정말 그럴까?

자신을 중심에 놓고
볼 때만 그렇다.

하지만 어떻게
항상 자신이 중심인가?

나무를 보면 나무가 되고
구름을 보면 구름이 되고
친구를 보면 친구가 되는 게
우리 마음인데.

좁쌀만하기도 하고
우주만큼 크기도 하는 게
우리 마음인데.

오래된 연못

마쓰오 바쇼

오래된 연못 개구리 뛰어드는 물소리 풍덩

📖

어느 날
내 세계의 한 귀퉁이가
쩡 금가고
세계 전체가
마구 흔들릴 때가 있을 것이다.

하지만 그건
내 세계가
무너지는 것이 아니다.

내 껍질이
깨지는 순간이다.

더 큰 내가 알 속에서
깨어나는 순간이다.

감각

아르튀르 랭보

푸르른 여름의 저물녘, 보리에 찔리우며
잔풀을 밟으며 들길을 걸어가리라
꿈꾸듯 내딛는 발걸음, 발걸음마다 신선함을 느끼리라
바람은 나의 얼굴을 씻어 주리라
아무 말도 하지 않고 생각도 하지 않으리
무한한 사랑은 내 넋 속에서 피어나리라
나는 방랑객처럼 멀리 멀리 떠나리
연인과 함께 가듯 행복에 젖어 자연 속으로

📖

우리는
감각을 잃어가고 있다.

향수로 후각이 둔해지고
소음으로 청각이 약해지고
향신료로 미각이 희미해지고
프라이버시로 촉각이 천시되고
시각만이 특권적 지위를
차지하게 되었다.

하지만 본다는 건
얼마나 위험한가.
우리는
보고 싶은 것만 본다.

우리의 모든 감각이
깨어날 때
우리의
혼이 깨어난다.

혼은
우리 안의 연인이다.

우리가 물이 되어
강은교

우리가 물이 되어 만난다면
가문 어느 집에선들 좋아하지 않으랴.
우리가 키 큰 나무와 함께 서서
우르르 우르르 비 오는 소리로 흐른다면.

흐르고 흘러서 저물녘엔
저 혼자 깊어지는 강물에 누워
죽은 나무뿌리를 적시기도 한다면.
아아, 아직 처녀인
부끄러운 바다에 닿는다면.

그러나 지금 우리는
불로 만나려 한다.
벌써 숯이 된 뼈 하나가
세상에 불타는 것들을 쓰다듬고 있나니.

만 리 밖에서 기다리는 그대여
저 불 지난 뒤에
흐르는 물로 만나자.
푸시시 푸시시 불 꺼지는 소리로 말하면서
올 때는 인적 그친
넓고 깨끗한 하늘로 오라.

📖

지상의 도든 생명체들은
불꽃 모양이다.

그 안엔
물이 가득 들어있다.

붙박여 있거나
일렁이거나
마구 내달리거나 한다.

불이 되어
활활 타오르기도 하고
물이 되어
고요히 흐르기도 한다.

우리는
물과 불의
만남이다.

그리운 악마
이수익

숨겨둔 情婦 하나
있으면 좋겠다
몰래 나홀로 찾아드는
외진 골목길 끝, 그 집
불 밝은 창문
그리고 우리 둘 사이
숨 막히는 암호 하나 가졌으면 좋겠다

아무도 눈치 못챌
비밀 사랑,
둘만이 나눠 마시는 죄의 달디단
축배 끝에
싱그러운 젊은 심장의 피가 뛴다면!

찾아가는 발길의 고통스런 기쁨이
만나면 곧 헤어져야 할 아픔으로
끝내 우리 침묵해야 할지라도,

숨겨둔 정부 하나
있으면 좋겠다
머언 기다림이 하루 종일 전류처럼 흘러

끝없이 나를 충전시키는 여자,
그
악마 같은 여자

📖

융은 말했다.
사람은 제 짝을 만나야 행복하다고

그런데
그는 말한다.

제 짝은 자신 안에 있다고.

우리 안에
깊이 숨겨둔
정부(情婦) 하나씩 있는 줄 안다면

우리는 이 삶이
숨 막히게 기쁜 삶이라는 것을
깨닫게 될 것이다.

II 나룻배와 행인

나룻배로 강을 건넌 행인은
나룻배를 버려야 한다

봄 구경
환성 지안

지팡이 짚고 깊은 골 따라,
홀로 걸으며 봄 경치 즐긴다.
돌아올 땐 꽃향기 옷깃에 배어,
나비가 먼 길 사람 따라 오네.

📖

봄 산에 올라
꽃향기가 옷깃에 밴다는 것을
얼마나 많은 사람들이 알까?

우리가 조금만
정신을 차리고 보면
너무나 많은 것을
깨닫게 될 것이다.

우리는 살면서
대부분은
알아채지 못하고 지나간다.

알아채지 못하고
지나가는 건
내 삶이 되지 못한다.

공자는
아침에 도를 들으면
저녁에 죽어도 좋다고 했다.

할아버지
정지용

할아버지가
담뱃대를 물고
들에 나가시니,
궂은 날도
곱게 개이고,

할아버지가
도롱이를 입고
들에 나가시니,
가문 날도
비가 오시네.

📖

아이의 눈엔
할아버지가 하늘의 이치를 깨친
노현자(老賢者)로 보인다.

노인이 한 명 죽으면
도서관 하나가 사라지는 거라고 한다.

하지만 지금은 아무도
노인 말씀에 귀 기울이지 않는다.
그들의 말은 사는 데 별로
도움이 안 된다고 생각하기 때문이다.

정말 그럴까?

아이의 눈을 가진
어른에겐 분명히
노인에게서 노현자가 보일 것이다.

아이의 눈을 잃어버린
어른에겐
꾀죄죄하고 볼품없는
노인들로 보이겠지만.

가을
토머스 흄

가을밤의 싸늘한 감촉 -
나는 바깥을 거닐었다.
붉은 얼굴의 농부처럼
불그레한 달이 울타리 너머로 굽어보고 있었다.
나는 말없이 고개만 끄덕였다.
주위에는 도시 아이들처럼 얼굴이 흰
별들이 생각에 잠겨 있었다.

📖

누구나 사랑하는 사람을 생각하면
울컥
가슴에서 뜨거운 것이 솟구쳐 올라오며
그 사람의 생생한 이미지가
떠오를 것이다.

그(그녀)와 나는
주어진 이름이 아니라
강렬한 이미지로 만나는 것이다.

그러나 우리가
사랑하지 않는 사람이나 사물은
그냥 주어진 이름으로 보인다.

세상을 뜨겁게 사랑하는 시인의 눈에는
이 세상이 이미지의 꽃으로 만발한다.

시인은 삼라만상에게
항상 새로운 이름을 붙인다.

이 세상은 시인에 의해
계속 창조된다.

이방인
샤를 보들레르

너는 누구를 가장 사랑하느냐? 수수께끼 같은 사람아.

부모? 형제자매?

내게는 부모도 형제자매도 없다.

친구는?

너는 내가 그 뜻조차 모르는 말을 하고 있다.

조국은?

나는 그것이 어디에 있는지도 모른다.

미녀는?

불멸의 여신이라면 사랑할 수도 있으련만.

돈은?

싫어한다. 네가 신을 싫어하듯이

그럼 도대체 너는 무엇을 사랑하느냐? 불가사의한 이방인이여!

나는 구름을 사랑한다… 저 유유히 흘러가는 구름을… 저기 저 찬란한 구름을!

📖

흰 구름을 사랑하는 사람은
다른 것들도 다 사랑할 수 있다.
그의 마음은 맑게 흐르고 있기에.

누구에게
무엇에게
다가가도
사랑의 손길이 된다.

하지만
가족을 국가를
사랑한다고 하는 사람은.
가족도 국가도
다른 무엇도
사랑할 수 없다.

가족에게 매인 마음
국가에게 매인 마음은
굳어 있기 때문이다.

맑게 흐르는 마음만이
사랑의 손길이 된다.

금잔디
김소월

잔디
잔디
금잔디
심심산천에 붙는 불은
가신님 무덤가에 금잔디.
봄이 왔네, 봄빛이 왔네.
버드나무 끝에도 실가지에.
봄빛이 왔네, 봄날이 왔네.
심심산천에도 금잔디에.

📖

인류는
언젠가부터
죽음을 알게 되었다.

그래서 사람들은
씨앗을 심듯
죽은 사람을 땅에 묻었다.
그러면 죽은 사람은
다시 부활할 수 있었다.

옛날 옛적
마법이 통하던 시대의 이야기다.

하지만 지금은
마법이 사라진 시대.

무덤만
그 자리에 있을 뿐.
가신님은 다시 오지 않는다.

풀과 나무들은
여전히 마법의 세상에 살고 있건만.

꽃나무
이상

　벌판한복판에꽃나무하나가있소.근처에는꽃나무가하나도없소.꽃나무는제가생각하는꽃나무를열심으로생각하는것처럼열심으로꽃을피워가지고섰소.꽃나무는제가생각하는꽃나무에게갈수없소.나는막달아났소.한꽃나무를위하여그러는것처럼나는참그런이상스러운흉내를내었소.

📖

꽃나무는
그냥
꽃나무로 서 있는데

사람의 눈에는
자신을 생각하고 있는 것처럼
보이나 보다.

우리의
강박증이다.

우리는
한시도
자신을 잊지 못한다.

자신을 너무 생각하다
자신에게 반해
죽기도 한다.

우리는
자신을 우상 숭배하는
가련한 존재이다.

나룻배와 행인

한용운

나는 나룻배
당신은 행인.

당신은 흙발로 나를 짓밟습니다.
나는 당신을 안고 물을 건너갑니다.
나는 당신을 안으면 깊으나 얕으나 급한 여울이나 건너갑니다.

만일 당신이 아니오시면 나는 바람을 쐬고 눈비를 맞으며 밤에서 낮까지 당신을 기다리고 있습니다.
당신은 물만 건너면 나를 돌아보지도 않고 가십니다그려.

그러나 당신은 언제든지 오실 줄만은 알아요.
나는 당신을 기다리면서 날마다 날마다 낡아갑니다.

나는 나룻배
당신은 행인.

📖

나룻배로 강을 건넌 행인은
나룻배를 버려야 한다.
하지만 우리는
나룻배를 짊어지고 길을 간다.
우리 어깨에
얼마나 많은 것들이
얹혀 있는가?
내려놔도 되는데
우리는 내려놓지 못한다.
짓누르는 어깨의 통증에 익숙해져
쾌감까지 느끼기 때문이다.

어깨 위의 짐 중에서
아주 작은 것부터 내려놔 보자.
몸이 훨씬 가벼워지고
이 세상도 그것 때문에
잘못되는 게 없다는 걸
알게 될 것이다.
그렇게 하나씩 하나씩
내려놓자.
(나룻배는?
나룻배는 나룻바의 몫이 있다)

호주머니
윤동주

넣을 것 없어
걱정이던
호주머니는,

겨울만 되면
주먹 두 개 갑북갑북.

📖

엄마 품을 떠나
친구들을 만나며

아이는
자신의 존재를 찾아간다.

아이는 비로소
사회적 존재가 되어가는 것이다.

아이는
자신의 존재를
증명하기 위해
영웅 탐험을 한다.

주머니에
무엇을 가득 채우는 것도
영웅의 조건 중 하나가
될 수도 있다.

겨울엔
주먹을 채워
영웅의 대열에 낄 수도 있다.

무명인

에밀리 디킨슨

나는 무명인입니다! 당신은요?
당신도 역시 무명인이시라고요?
그럼 우리는 같은 처지로군요.
아무 말도 하지 마세요.
당신도 알다시피!
그들이 우리를 쫓아낼 테니까요.

유명인이 된다는 건 얼마나 끔찍한 일인가요!
공공연히 개구리마냥
긴긴 6월
찬양하는 늪을 향해
자기 이름을 외쳐대다니!

📖

남들의 박수갈채를 받으면
참으로 즐겁다.
하지만 박수 소리가 멈추면
허전해진다.
진정한 기쁨은
내면에서 솟구쳐 올라오는 건데
남들의 박수 소리는
밖에서 오기 때문이다.
그런데도 많은 사람들이
남들의 박수 소리를 목말라 하는 것은
유아기의 경험 때문이다.
우리는 누구나 어릴 적엔
자신이 전지전능하다는
생각을 한 적이 있다.
그러다 다양한 체험을 하며
자연스레 이 나르시시즘에서 벗어난다.
하지만 그 기억은 우리 뇌리에
깊이 박혀 있다.

유명인은 나르시시즘을 한껏 즐긴다.
하지만 그건
마약처럼 환각작용에 불과하다.

우연히 읊다
조식

사람들이 옳은 선비를 사랑하는 것은
호랑이 가죽을 좋아하는 것과 마찬가지네.
살았을 땐 죽이려 하고
죽은 뒤엔 입을 모아 칭송한다네.

📖

만일
예수, 석가, 공자, 소크라테스가 살아 돌아온다면
사람들은 그들을 어떻게 대할까?

지금처럼
그들을
공경할까?

다른 많은 위대한 사람들은
어떨까?

어느 현자는 말했다.
사람들은 신을 믿는 게 아니라
자신들이
'신을 믿는다고 생각하는 것'을
믿는다고.

우리에겐
밖에 보이는 우상도 위험하지만
마음속의 우상은
더 위험하다.

제사 지내는 노래
이달

흰둥이가 앞서 가고 누렁이는 뒤따르는데,
들밭 풀숲에는 무덤이 늘어서 있네.
늙은이가 제사를 끝내고 밭 사이 길로 들어서자,
날은 저물고 취해 어린 아이 부축 받으며 돌아오네.

📖
참 아름다운 제사다.

삼라만상이 하나로
어우러진다.

원시인들은 많은 시간을
제사지내는데 보냈다.

사람과 사람
사람과 자연을
하나로 잇기 위한
의례였다.

그런 아름다운 제사가
문명이 발달하면서
불순한 의도로
행해지기도 했다.

복잡한 의례를 통해
남녀불평등을 강화하고
국가와 가문에 맹목적인 충성심을
주입시킨 시대도 있었다.

모기는 안다
데이비드 로렌스

모기는 아주 잘 안다.
작지만 무서운 야수.
하지만 결국
자신의 배만 잔뜩 채울 뿐,
피를 은행에 저장하지는 않는다.

📖

인간은 저축을 하면서부터
타락했다.
에덴동산에 살던 원시인들은
하루에 몇 시간만 일하며
즐겁게 살 수 있었다.
그들의 삶엔 기쁨이 충만했다.

지금도 지구 곳곳에서
원시생활을 하는 사람들은 이렇게 산다.
그러다 농사를 짓게 되면서
(인구가 늘어나 농경을
선택하게 되었다고 한다.)
수확물을 보관하게 되고
보관한 수확물을
서로 뺏고 빼앗기게 되었다고 한다.
사람이 사람을 미워하게 된 것이다.

문명이 고도로 발달한
현대인들은
저축하기 바쁘고
남의 것에
눈독들이기에 바쁘다.

우화
랄프 왈도 에머슨

산과 다람쥐가
말다툼을 벌였다.
"이 꼬마 거드름쟁이야!"하고 산이 부르자
다람쥐가 대답했다.
"너는 덩치가 무척 크지만
삼라만상과 춘하추동이
한데 합쳐져야
한 해가 되고
세계가 되지 않니?
그러니 내 위치를
전혀 부끄럽게 생각하지 않는다.
내가 너만큼 덩치가 크진 않지만
네가 나만큼 작지도 못하고
나만큼 날렵하지도 못하지 않니?
네가 나에게
훌륭한 오솔길이 되어주긴 하지만
재능은 각자 다르단다.
만물은 현명하게 제자리를 지키고 있단다.
내가 숲을 짊어질 순 없지만
너는 밤을 까지는 못한다."

📖

우리는 모든 것이
화폐로 환산되는 시대에 살고 있다.

화폐신(神)께서 우리에게 가치를 매겨주건
우리는 그 가치대로 살아간다.

이 세상엔 화폐신이 부여한
바코드만이 있다.

아무리 많은 사람을 만나도
아무리 많은 물질을 가져도
우리는 허전하다.

숫자는 숨도 쉬지 않고
살도 없기 때문이다.

우리는 아무런 느낌도 없다.

단지 숫자가 되어
숫자의 운명을 따를 뿐이다.

학
백거이

사람은 저마다 좋아하는 바가 다르고,
사물에는 항상 옳은 것은 없다.
누가 너더러 춤을 잘 춘다 하는가?
한가로이 서 있을 때만 못한 것을.

📖

우리는 매순간
한계에 직면한다.
잠시만 숨이 막혀도
죽을 듯하고
조그마한 걱정에도
세상이 무너질 듯 절망한다.

우리는 매순간
이런 한계를 극복하며 살아간다.
삶은 이처럼
매순간이 신비다.
그런데 우리는
언젠가부터
이런 일상의 신비를 잃어버렸다.

학처럼 춤추려하고
물개처럼 헤엄치려하고
치타처럼 달리려한다.

우리는 이미
그 자체로
눈부시게 아름다운데.

유리창1
정지용

유리에 차고 슬픈 것이 어른거린다.
열없이 붙어서서 입김을 흐리우니
길들은 양 언 날개를 파다거린다.
지우고 보고 지우고 보아도
새까만 밤이 밀려나가고 밀려와 부딪히고,
물먹은 별이, 반짝, 보석처럼 박힌다.
밤에 홀로 유리를 닦는 것은
외로운 황홀한 심사이어니,
고운 폐혈관이 찢어진 채로
아아, 늬는 산ㅅ새처럼 날아갔구나!

📖

사랑하는 사람을 잃은
가슴에는
큰 응어리가 맺힌다.
그 응어리는
우리 눈앞에서
어른거린다.

우리는 그를 위해
슬픈 노래를 불러줘야 한다.
그는 슬픈 노래를 들으며
날개를 파닥거튼다.

한 마리 작은 새가 된다.

훌쩍 날아간다.
저 허공 속으로.

먼 훗날
우리는
사랑하는 사람을
다시 만난다.
저 허공에서.

두꺼비
박성우

아버지는 두 마리의 두꺼비를 키우셨다

해가 말끔하게 떨어진 후에야 퇴근하셨던 아버지는 두꺼비부터 씻겨주고 늦은 식사를 했다 동물 애호가도 아닌 아버지가 녀석에게만 관심을 갖는 것 같아 나는 녀석을 시샘했었다 한번은 아버지가 녀석을 껴안고 주무시는 모습을 보았는데 기회는 이때다 싶어 살짝 만져 보았다 그런데 녀석이 독을 뿜어대는 통에 내 양 눈이 한동안 충혈되어야 했다 아버지, 저는 두꺼비가 싫어요

아버지는 이윽고 식구들에게 두꺼비를 보여주는 것조차 꺼리셨다 칠순을 바라보던 아버지는 날이 새기 전에 막일판으로 나가셨는데 그때마다 잠들어 있던 녀석을 깨워 자전거 손잡이에 올려놓고 페달을 밟았다

두껍아 두껍아 헌집 줄게 새집 다오

아버지는 지난 겨울, 두꺼비집을 지으셨다 두꺼비와 아버지는 그 집에서 긴 겨울잠에 들어갔다 봄이 지났으나 잔디만 깨어났다

내 아버지 양 손엔 우툴두툴한 두꺼비가 살았었다

📖

아버지는 무엇일까?

언제
남자가 아버지가 되었을까?

인류는
오랫동안 모계사회였다.

그러다
문명이 발달하면서
가부장 사회가 되었다.

아버지는
이 세상을 대리하는
작은 왕들이다.

아버지는
자상한 가장에서 폭군까지
그 범위가 참으로 넓다.

Ⅲ 또 다른 고향

우리는
혼의 고향을 찾을 때까지
방황할 것이다.

산 너머 저쪽
칼 붓세

산 너머 저쪽 하늘 저 멀리
행복이 있다고 말들 하기에
아, 남들 따라 찾아갔건만,
눈물만 머금고 되돌아 왔다네.
산 너머 저쪽 하늘 저 멀리에는
행복이 있다고 말들 하건만.

📖

우리는 어릴 적 꿈을 갖고 있었다.
대통령, 과학자, 판사, 연예인, 운동선수……

산을 넘고 물을 건너
그 꿈을 찾아갔다.

그러던 어느 날
소스라치게 깨닫는다.
나 지금 뭐 하는 거지?

꼭두각시가 되어 있는 자신을
발견한다.

나는 도대체 뭐야?

내면의 여행을
시작할 때다.

인류 역사 전체
우주 전체를 품고 있는
자신의 혼을 찾아
떠날 때다.

그날
이성복

그날 아버지는 일곱시 기차를 타고 금촌으로 떠났고
여동생은 아홉시에 학교로 갔다 그날 어머니의 낡은
다리는 퉁퉁 부어올랐고 나는 신문사로 가서 하루 종일
노닥거렸다 前方은 무사했고 세상은 완벽했다 없는 것이
없었다 그날 驛前에는 대낮부터 창녀들이 서성거렸고
몇 년 후에 창녀가 될 애들은 집일을 도우거나 어린
동생을 돌보았다 그날 아버지는 未收金 회수 관계로
사장과 다투었고 여동생은 愛人과 함께 음악회에 갔다
그날 퇴근길에 나는 부츠 신은 멋진 여자를 보았고
사람이 사람을 사랑하면 죽일 수도 있을 거라고 생각했다
그날 태연한 나무들 위로 날아오르는 것은 다 새가
아니었다 나는 보았다 잔디밭 잡초 뽑는 여인들이 자기
삶까지 솎아내는 것을, 집 허무는 사내들이 자기 하늘까지
무너뜨리는 것을 나는 보았다 새占 치는 노인과 便桶의
다정함을 그날 몇 건의 교통사고로 몇 사람이
죽었고 그날 市內 술집과 여관은 여전히 붐볐지만
아무도 그날의 신음 소리를 듣지 못했다
모두 병들었는데 아무도 아프지 않았다

📖

이 세계는 거대한 에버랜드다.
없는 게 없고
부족한 것도 없다.
모든 게 완벽하게 돌아간다.
하지만 조금만 이탈해 보라.
다리를 다쳐 깁스를 하고
목발을 짚고 다녀 보라.
세상은 일시에
정글로 바뀔 것이다.
직장을 잃고
거리에 서 보라.
에버랜드는
신기루처럼 사라질 것이다.
그래서 우리는 불안하다.
진실을 잊고자
도박을 하고
마약을 한다.
하지만 진실은 절대
은폐되지 않는다.

흥청망청 즐겁게 보낸 날 밤
우리는 밤새 악몽에 뒤척인다.

파장
신경림

못난 놈들은 서로 얼굴만 봐도 흥겹다
이발소 앞에 서서 참외를 깎고
목로에 앉아 막걸리를 들이키면
모두들 한결같이 친구같은 얼굴들
호남의 가뭄 얘기 조합 빚 얘기
약장사 기타 소리에 발장단을 치다 보면
왜 이렇게 자꾸만 서울이 그리워지나
어디를 들어가 섰다라도 벌일까
주머니를 털어 색시집에라도 갈까
학교 마당에들 모여 소주에 오징어를 찢다
어느 새 여름해도 저물어
고무신 한 켤레 또는 조기 한 마리 들고
달이 환한 마찻길을 절뚝이는 파장

📖

원시 사회에는
권력이라는 개념이
아예 없었다고 한다.
정치를 하는 수장은
어머니 같은 존재였다고 한다.
그러다 문명이 발전하면서
권력을 가진 왕이 등장했다고 한다.

왕이 등장하면서 모든 인간관계가
권력 관계로 바뀌었다고 한다.
인간과 인간이 권력 관계로 만나면
전인격적 만남이 되지 못한다.
만나도 흥겹지 않다.

인간의 본성을
간직하고 있는 인간은
권력과 거리가 먼
'못난 사람들'이다.
그래서
그들은 얼굴만 봐도 흥겹다.
그들은
진한 인간의 향기를 풍긴다.

땅감나무
권태응

키가 너무 높으면,
까마귀떼 날아와 따먹을까봐,
키 작은 땅감나무 되었답니다.

키가 너무 높으면,
아기들 올라가다 떨어질까 봐,
키 작은 땅감나무 되었답니다.

📖

삼라만상은
우리 마음대로 보인다.

삼라만상은
우리 마음이 이름을 붙여
창조한 것들이다.

이 세상이란
우리 마음의 꿈이다.

우리는
이 시를 통해

한 인간의
맑디맑은
꿈을 본다.

생각
월트 휘트먼

복종, 믿음, 결집-
사람에 대한 믿음이 없는 자들에게 이끌려가는 무리들을 먼발치에서 바라보고 있으면 가슴이 아프다.

📖

이 세상엔
작은 히틀러들이 얼마나 많은가.
우리는 느예처럼
그들을 떠받들며 산다.

정신이 나약한 사람은
강자에게 복종하며 살고 싶어 한다.

문제는
나약한 정신은
진정한 강자를 알아보지 못한다는 것이다.

니체가 얘기했듯
낙타에서 사자로
나아가 아이로
우리의 정신을
단련시켜가야 한다.

성현들은 이미
한 인간이
신처럼 위대할 수 있음을
증명하지 않았는가?

대추 따는 노래
이달

이웃 집 어린 아이가 대추 따러 왔는데
늙은이 문 열고 나와 어린 아이를 내쫓는구나.
어린 아이 외려 늙은이 향해 소리 지른다.
내년 대추 익을 때까진 살지도 못할 걸요.

📖

대추를 따는 아이와
대추를 지키려는 할아버지 사이엔
팽팽한 긴장이 감돌지만
그 긴장엔 여유와 해학이 있다.

아이는 아이답게
대추를 마구 따려으려 하고
할아버지는 할아버지답게
대추가 온전히 자신의 것만은
아님을 알기 때문이다.

대추나무는 사실
하늘과 바람과 비와 땅이
기른 것 아닌가?
그래서 할아버지는
아이에게 모질게 대하지 못하는 것이다.

오랫동안 인류는
만물에 영이 깃들어 있다고 생각했다.
우리처럼
함부로 사고파는 게
아니라고 생각했다.

위층 아기

안도현

쾅쾅쾅쾅 뛰어가면
그렇지,
일곱 살짜리일 거야

콩콩콩콩 뛰어가면
그렇지,
네 살짜리일 거야

📖

위층에서 뛰는 아기가
누구인지 알고 나면
소음이 훨씬 덜하다.

내 마음 속에 아기가
들어와 있기 때문이다.

우리가 남의 행동을
못 마땅하게 보는 것은
우리가 그를 잘 모르기 때문이다.

층간 소음 문제는
기술적으로
풀어야 할 것이다.

하지만
더 먼저 해결해야 할 것은
우리의 닫힌 마음일 것이다.

교신

이면우

동짓날 저녁 십오층 북쪽 베란다 캄캄한 데서 담뱃불 반짝

같은 동 삼층 북창 드르륵 열리고 조금 있다가 또 반짝

군청색 하늘 속 별들 한꺼번에 반짝반짝

📖

아파트 베란다에서
피어오르는 담배 연기 때문에
위층 사람들과 아래층 사람들이
자주 싸운다고 한다.

담배 연기는 분명히 해롭다.

하지만 이웃간에
서로 적대시하는 그 마음이
더 몸을 상하게 할 것이다.

아파트 베란다의 담뱃불을
별빛으로 보는 마음으로

담배 연기 문제를
해결해야 할 것이다.

술꾼 봉도
이동순

흰 눈은 나려
고죽 마을을 덮었는데
새알산도 하얗고
밭엔 못 뽑은 배추가 그대로
눈 뒤집혀 썼는데
이런 날 봉도는 술 생각이 나서
땅 속에 어찌 누워 있나

속알못 쪽
봉도 무덤으로 가는 길도
이미 눈이 파묻혔다.

오늘 같은 날
봉도는 필시 누웠던 땅에서 일어나
머리에 눈을 맞으며
주막집으로 혼자 터덜터덜
걸어가고 있으리라

📖

술을 마셔
몽롱하게 되면
(엄마의 품처럼 포근해지면)

우리 안의 아기가
깨어난다.

아기가 깨어나면

어른답게
사는 사람은
순수하게 되고

어른답지 않게
사는 사람은
유치하게 된다.

봉도는
어떤 술꾼일까?

일곱 걸음에 지은 시

조식

콩깍지를 태워서 콩을 삶으니,
콩은 가마솥 안에서 우는구나.
본래 한 뿌리에서 태어났건만,
어찌 이다지도 급히 삶아대는가.

📖

인류 최초의 살인은
형제간에 일어났다.

가부장 사회의
아버지는
모든 것을 가진 존재다.
자식들은 그것을
갖기(이어 받기) 위해
서로 간에 싸움을 한다.

아버지가 가진 것이 많을수록
싸움은 더 치열해진다.

아버지는
자신이 가진 것들을
지키기 위해
잘난 아들을
더 사랑한다.

아버지는
아들들에게
큰 그늘을 드리운 거목이다.

독나무
윌리엄 블레이크

나는 친구에게 화가 났다.
내놓고 말하니 화가 사라졌다.
나는 적에게 화가 났다.
참고 있으니 화가 자라났다.

나는 두려워하며 내 화에게
밤이고 낮이고 눈물을 뿌려주었다.
미소와 간계로
내 화에게 볕을 쬐어 주었다.

그러자 화는 밤낮으로 자라나
빛나는 열매를 맺었다.
나의 적은 빛나는 열매를 보고
그것이 내 것임을 알아보았다.

어둠이 세상을 가리었을 때
그는 내 정원으로 살며시 숨어들었다.
아침이 왔을 때 나는 기쁨에 차서
나무 아래 뻗어 있는 내 적을 보았다.

📖

어떤 인디언들은 화가 나면
화가 풀릴 때까지 걷는다고 한다.
바람과 더지가
그의 화를 걷어갈 것이다.

우리는 화가 나면
어떻게 하나?
화를 내면 남을 상하게 하고
화를 참으면 내가 상한다.

화를 내지도 않고
내가 상하지도 않는
방법이 있을까?

그것은 화난 자신을
응시하는 것이다.
화났을 때 화난 자신을
그대로 바라보는 것이다.
(이때 자신의 마음을
선악으로 판단하지 말아야 한다)
그러면 화난 마음은 서서히 가라앉는다.
파도가 잦아들듯이.

바다와 나비
김기림

아무도 그에게 수심을 일러준 일이 없기에
흰나비는 도무지 바다가 무섭지 않다.

청무우밭인가 해서 내려갔다가는
어린 날개가 물결에 절어서
공주처럼 지쳐서 돌아온다.

삼월달 바다가 꽃이 피지 않아서 서글픈
나비 허리에 새파란 초생달이 시리다.

📖

길이란
사람들의 발자국이 모여
만들어진다.

나비의 길도
그럴 것이다.

그런데
나비가 길을 따라갔는데
그 곳이 청무우 밭이 아니라면?

우리가
길(道)을 따라 살았는데
그것이 잘못된 삶이라면?

우리는
수없이
이런 절망을 경험한다.

타락한 인간 사회는
인류사 전체로 보면
일시적인 현상일 것이다.

눈길을 걸을 때
서산대사

눈길을 걸을 때
발걸음을 함부로 하지 말라
지금 그대 발자국이
뒤에 오는 사람의 길이 되느니

📖

머리카락 한 올은
내 몸에서 별로 중요하지 않다.
하지만
내 몸이 사라진다면?
머리카락 한 올은
내 몸만큼 중요해진다.
머리카락 한 올에서
내 몸을 만들 수 있으니까.
만일
우주가 사라진다면?
모래 한 알이
우주만큼 소중해진다.
모래 한 알에
우주가 있으니까.

나라는 건
티끌만큼 작으면서도
우주만큼 큰 존재다.

나의 어떤 것도
나만의 것으로
끝나지 않는다.

또 다른 고향
윤동주

고향에 돌아온 날 밤에
내 백골이 따라와 한방에 누웠다

어두운 밤은 우주로 통하고
하늘에선가 소리처럼 바람이 불어온다

어둠 속에서 곱게 풍화작용하는
백골을 들여다보며
눈물짓는 것이 내가 우는 것이냐
백골이 우는 것이냐
아름다운 혼이 우는 것이냐

지조 높은 개는
밤을 새워 어둠을 짖는다

어둠을 짖는 개는
나를 쫓는 것일 게다

가자 가자
쫓기우는 사람처럼 가자
백골 몰래
아름다운 또 다른 고향에 가자

📖

고향은 편안하다.
엄마의 자궁 같다.

하지만
우리의 정신을
꽃 피우기 위해선

우리는
고향을 떠나야 한다.

위대한 정신은
우리의 등 뒤에서
채찍질을 한다.

어서
고향을 떠나라고.

우리는
혼의 고향을 찾을 때까지
방황할 것이다.

빼앗긴 들에도 봄은 오는가

이상화

지금은 남의 땅 – 빼앗긴 들에도 봄은 오는가?

나는 온몸에 햇살을 받고
푸른 하늘 푸른 들이 맞붙은 곳으로
가르마 같은 논길을 따라 꿈속을 가듯 걸어만 간다.

입술을 다문 하늘아, 들아
내 맘에는 나 혼자 온 것 같지를 않구나!
네가 끌었느냐, 누가 부르더냐, 답답워라. 말을 해 다오.

바람은 내 귀에 속삭이며
한 자국도 섰지 마라 옷자락을 흔들고,
종다리는 울타리 너머 아씨같이 구름 뒤에서 반갑다 웃네.

고맙게 잘 자란 보리밭아,
간밤 자정이 넘어 내리던 고운 비로
너는 삼단 같은 머리를 감았구나, 내 머리조차 가뿐하다.

혼자라도 가쁘게 나가자.
마른 논을 안고 도는 착한 도랑이

젖먹이 달래는 노래를 하고, 제 혼자 어깨춤만 추고 가네.

나비 제비야 깝치지 마라.
맨드라미 들마꽃에도 인사를 해야지.
아주까리기름을 바른 이가 지심 매던 그 들이라 다 보고 싶다.

내 손에 호미를 쥐어 다오.
살진 젖가슴과 같은 부드러운 이 흙을
발목이 시도록 밟아도 보고, 좋은 땀즈차 흘리고 싶다.

강가에 나온 아이와 같이
짬도 모르고 끝도 없이 닫는 내 혼아,
무엇을 찾느냐, 어디로 가느냐, 웃어웁다, 답을 하려무나.

나는 온몸에 풋내를 띠고,
푸른 웃음, 푸른 설움이 어우러진 사이로
다리를 절며 하루를 걷는다. 아마도 봄 신령이 지폈나 보다.

그러나 지금은 - 들을 빼앗겨 봄조차 빼앗기겠네.

📖

원시인들은
땅을 사고판다는
상상을 하지 못했다.
땅은 어머니이기 때문이다.

땅을 사고팔게 되면서
세상엔
사고팔지 못할 게
없게 되었다.

자연스레
공짜로 사려는(빼앗는)
생각도 하게 되었다.
방해가 된다면
가차 없이
없애버린다는
생각도 하게 되었다.

결국은
자신마저
사고팔고
없애버리게 되었다.

Ⅳ 사람 지나간 발자국

한 사람의 마음은
우리 모두의 마음이다

사람 지나간 발자국
이경림

아름다워라 나 문득 눈길 머물러
그것의 고요한 소리 보네
누군가 슬쩍 밟고 갔을
저 허리 잘록한 소리
한참 살다 떠난 부뚜막 같은
다 저문 저녁 같은

📖

옛날 성자들은
매 맞는 노예들을 보면
자신들의 등에
채찍 자국이 깊게 났다고 한다.

한 사람의 마음은
우리 모두의 마음이다.

사람은 살다보면
여러 문제에 부닥친다.

그때마다 그 문제들을
우리 모두의 문제로 보며
다른 사람들과 함께
풀어가는 사람은
점점 큰 사람이 된다.

하지만
자신만의 문제로 보며
문제를 풀어가는 사람은
점점 작아지게 되어
결국은 나쁜 사람이 되고 만다.

아름다운 여인들

월트 휘트먼

앉아있거나 여기저기 움직이는 여인들,
늙은 또는 젊은.
젊은 여인은 아름답지만,
늙은 여인은 더욱 더 아름답다.

📖

나이 든다는 게
끔찍이도 무섭다.
알 수 없는 공포.
하지만 곰곰이 따져보면
육신이 쇠퇴해서만은 아니다.
노인을 인정해 주지 않는
사회풍토에 그 근원적인 원인이 있을 것이다.

지금은
노인들이 보호의 대상이 되었지만
옛날 경험이 중시되던 시대에는
노인들은 존경의 대상이었다.

그러나 우리 마음 깊은 곳엔
여전히 대모신(大母神), 산신령 같은
노인상이 있다.

길을 가다
언뜻언뜻
그런 노인들을 만난다.
내 안의 영적 기운이
그들을 알아보는 것이다.

무지개

윌리엄 워즈워드

하늘의 무지개를 바라보노라면
내 가슴은 뛰노라.
나 어릴 때 그러하였고
어른이 된 지금도 그러하니
노인이 된 이후에도 그러하리라.
그렇지 않으면 나는 죽으리!
아이는 어른의 아버지
바라노니 나의 하루하루가
자연의 경건함으로 이어가기를.

📖

아이는 어른의 아버지다.
아이들에게도 사악한 점이 있다고
말하는 어른들이 있다.
하지만 그건
어른의 눈으로 볼 때 사악한 거지
천지자연의 눈으로 보면
그렇지 않다.

아이들은 동물로 태어난다.
동물의 감성으로 세상을 만난다.
이때 그들을 부당하게 억압하면
그들은 어른이 보기에
잔인하게 된다.
부당하게 마음을 가둔
어른의 잘못이다.
동물들은 부당하게
사악한 행동을 하지 않는다.

사랑이 가득한 분위기에서는
아이들은 자연스레
인간의 고결함을 배운다.
아이의 마음을 지니면 천국에 간다.

감자 꽃

권태응

자주 꽃 핀 건 자주 감자.
파 보나 마나 자주 감자.

하얀 꽃 핀 건 하얀 감자.
파보나 마나 하얀 감자.

📖

어릴 적엔
모든 것이 신기했다.
다들
처음 본 것들이니까.
그러다
차츰 익숙해지면서
그들은 더 이상
신비의 빛을 뿜어내지 않는다.

하지만
곰곰이 따져보면
우리가 만나는 것들은
다 처음이다.
해도 어제의 해가 아니고
사람들도 어제의 그들이 아니고
나도 어제의 내가 아니다.

다들
처음이니까.
해를 해로 보지 말아야 한다.
그들을 그들로 보지 말아야 한다.
나를 나로 보지 말아야 한다.

소스라치다
함민복

뱀을 볼 때마다
소스라치게 놀란다고
말하는 사람들

사람들을 볼 때마다
소스라치게 놀랐을
뱀, 바위, 나무, 하늘

지상 모든
생명들
무생명들

📖

우리 눈에는 왜
다른 동물들, 천지자연이
무서워 보일까.

그건 우리 마음이
그만큼 무서워졌기
때문이다.

그들을 잘 관찰해 보면
그들은 그렇게 무섭지 않다.

원시인들은 우리처럼
잔인한 전쟁을 하지 않았고
짐승들도
이유 없는 살생을 하지 않았다.

천지자연도
그들의 길만 함부로 막지 않으면
사람에게 해를 끼치지 않았다.

인간은 자신에게 있는 약점을
남에게 투사하는 존재이다.

나무들
조이스 킬머

나무처럼 사랑스런 시를
나는 결코 볼 수 없으리라.

단물 흐르는 대지의 가슴에
허기진 입술을 대고 있는 나무.

온종일 잎이 무성한 팔을 들어
하느님을 우러러보며 기도하고 있는 나무.

여름날이면 머리카락에다
방울새의 둥지를 틀어주는 나무.

그는 가슴에 눈을 쌓기도 하고
비하고도 다정하게 살아간다.

나 같은 바보도 시를 짓지만
나무를 만드는 건 하느님뿐이시다.

📖
나무는 우주의 중심이고
하늘로 오르는 사다리다.

사람도 한 때
나무였으리라.

오랫동안 붙박혀 있다가
무슨 뜻이 있어
성큼
발걸음을 내딛었으리라.

성자들은 나무 아래서
수도를 한다.
그 뜻을 알기 위해.

가슴에 나무 한 그루
품고 있으면
어떤 상황에서도
쓰러지지 않는다.

자신의 중심을
잘 잡고 있기 때문이다.

매우 가벼운 담론
조말선

 한 쌍의 질문을 새장 속에 가둔다. 시금치를 먹고 크는 질문 한 쌍. 멸치를 먹고 크는 질문 한 쌍. 모이를 줄 때마다 궁금한 얼굴로 묻는다. 우리는 언제 날 수 있죠? 언제 대답이 되죠? 새장은 날마다 작아지고 있다. 질문은 구슬프게 노래부른다. 질문의 깃 속에 질문을 파묻고 잠든다. 질문들은 성숙해진다. 질문들은 스스로 대답을 낳는다. 새장 속에 한 개의 둥근 대답이 있다. 스무 날 품은 대답. 의혹이 품은 대답. 대답 속에서 촉촉한 질문 하나가 태어난다.

📖

새가 질문을 하는 한
그는
진짜 원하는 답을 들을 수가 없다.

그는
내면의 소리에 귀를 기울여야 한다.

그의 몸은
모든 것을 알고 있기 때문이다.

그의 몸에는
새들의 역사와
새장의 역사가
고스란히
기억되어 있다.

그가
귀를 기울이기만 하면

그의 몸은
모든 것을
말해 줄 것이다.

우울증
문정희

겨울 안개 길고 긴 터널
모든 것이 무사해서 미친 중년의 오후
전조등 하나 없는 회색 속을 걸어간다
가방에는 몇 개의 열쇠가 들어 있지만
진실로 갖고 싶은 열쇠는 없다
기적이란 신의 소유만은 아니었구나
지나온 하루하루가 모두 기적이었다
돌아보니 텅 빈 무대 아래
반수면 상태로 끝없이 삐걱이는 의자들
저기가 진정 내가 지나온 봄의 정원이었던가

📖

젊은 시절엔
앞만 보고 질주한다.

그러다
중년에 이르면 우울해진다.

나 제대로 살고 있는 건가?
내가 낯설어진다.

자신을 잘 들여다보면
울고 있는 아기가 보일 것이다.

이제 외부의 내가 아니라
내 안의 나를 돌볼 때다.

중년의 우울은
미숙한 내면을 성숙시키라는
신의 메시지다.

중년의 우울은
전체의 나를
활짝 꽃 피울 수 있는 기회이다.

표절
김경미

우리는 매일 표절 시비를 벌인다
네 하루가 왜 나와 비슷하냐
내 인생이
네 사랑은
그렇고 그런 얘기들

밤 전철에서 열 사람이 연이어 옆 사람
하품을
표절한다

📖

내가 갖고 있는 것 중에서
내 것이라고 당당히 우길 수 있는 게
얼마나 될까?
한 아주머니가 아이를 데리고
마트에 다녀와서
사 온 물건을 꺼내 놓는데
아이가
'엄마, 나도 가져 왔어.' 하며
과자들을 꺼내 놓더란다.
아이는 모래밭에서
예쁜 조약돌들을 줍듯
과자 봉지들을 집어 들었을 것이다.
가능한 한 자신이 가진 것들을
나눠 쓸 수 있으면 좋겠다.

특히 예술가가 예술품을 만들면서
돈을 생각한다면
얼마나 끔찍한가!
그 예술품의 가치 중에
예술가의 몫은 얼마나 될까.
이렇게 생각하는 것 자체가
인간답지 못하다는 생각이 든다.

홀로 웃다
정약용

양식 많은 집안엔 먹을 사람이 적고,
아들이 많은 집안엔 굶주릴 근심이 있으며,
높은 벼슬아치는 반드시 어수룩하고,
재주 있는 인재는 기회가 없으며,
온전한 복을 두루 갖춘 집 드물고,
지극한 도는 항상 쇠퇴하기 마련이며,
아비가 절약하면 아들은 방탕하고,
아내가 지혜로우면 남편은 어리석고,
보름달 뜨면 구름이 자주 끼고,
꽃이 활짝 피면 바람이 휘저어놓지.
세상만사가 다 이러할 진데,
나 홀로 웃는 까닭 아는 이 없을 걸.

📖

우리는 남들을
부러워한다.

내게 없는 것이
남들에게 있기 때문이다.

하지만
남들은 나를 부러워한다.

남들에게 없는 것이
내게 있기 때문이다.

이것을 아는 게
참 힘들다.

이것을 알기 전까진
우리는 온갖
망상에 시달린다.

탐욕, 분노, 질투
……

달 아래에서 홀로 술을 마시다
이백

꽃 사이에 술 한 병 놓고 앉아,
친구도 없이 홀로 마시네.
잔을 들어 밝은 달을 맞이하니,
그림자 더불어 이제 셋이 되었다네.
달은 본래 술을 마실 줄 모르고,
그림자도 내 몸짓만 따라하나,
잠시 그대들과 벗하여,
이 봄을 즐기지 않을 수 없으리.
내가 노래하면 달은 거닐고,
내가 춤을 추면 그림자도 따라 추네,
이렇게 함께 놀다가 취하면 흩어지네.
우리의 우정 영원히 맺었다가,
저 멀리 은하수에서 다시 만나세.

📖

마실 때는
물이었다가
마시고 나면
불이 되는 술.

시인은
불꽃이 되어
너울거린다.

그림자도 함께
너울거린다.

술의 향이
달빛에 배어져

삼라만상
꽃으로
피어난다.

멀건 죽 한 그릇

김삿갓

네 다리 소반에 멀건 죽 한 그릇.
하늘빛에 구름 그림자 함께 떠도네.
주인이여, 면목 없다 말하지 마오.
물속에 얼비치는 청산을 내 좋아한다오.

📖

주인은
멀건 죽을 내놓고
면목 없다 한다.

자신들만 몰래
밥을 먹어서인지.

아니면
죽밖에 대접할 게
없어서인지 모트겠다.

하지만
시인의 눈엔

멀건 죽 속에
얼비치는
구름과 청산이 보인다.

바깥의 풍경은
내 안의 풍경이다.

봄비 내리는 밤
두보

좋은 비는 때를 알아,
봄이 되니 곧 내리기 시작하네.
바람결 따라 몰래 밤에 찾아들어,
소리 없이 촉촉이 만물을 적시네.
들녘에는 구름 끼어 컴컴한데,
강에 뜬 배의 불만이 밝구나.
새벽녘 붉게 젖은 곳을 보니,
금관성에 꽃들이 흐드러졌으리.

📖

사람은 누구나 마음속에 그림자가 있다.
깊숙이 숨겨놓은 또 다른 자기 모습.
이 그림자는 파우스트 앞에 나타난
메피스토펠레스다.
그를 받아들여야 한다.
그는 악을 추구하지만
결국은 선을 이룩하는 힘이다.

자신의 어두운 그림자와 대면한다는 건
고통스럽다.
하지만 그냥 내버려두면 그림자는
우리를 마구 끌고 다니게 된다.
악인들이 이런 사람들이다.
자신의 그림자는
우리의 아픈 혼이다.

그를 따스히 받아들이면
그는 사랑이 된다.
사랑이 가득한 마음은
자유로워진다.
마침내 우리는
천지자연과 조응한다.

도인을 찾아서

가도

소나무 아래에서 동자에게 물으니,
스승은 약초 캐러 가셨다 하네.
이 산 어디인가 계시련만,
구름이 너무 깊어 알 수가 없다 하네.

📖

아주 오랜 옛날
사람과 동물과 자연이 서로
평화롭게 살던 시절이 있었다.
그 평화스러운 관계는
오랫동안 이어졌다.
그러다 차츰
사람과 동물과 자연 사이에
금이 가기 시작했다.

이제는
사람과 사람 사이에
권력과 물질이 끼어들어
서로 전인격적으로 만나지 못한다.
그래서
사람을 만나도
외로움에 휩싸인다.

자신의 전체로 만나는
인간관계는 얼마나 눈부실까?
우리는 기도를 통해
아득한 그 시절로
잠시 돌아갈 수 있다.

산중문답
이백

묻노니, 어이하여 푸른 산에 사는가?
말없이 웃으며 마음 절로 한가롭네.
복사꽃 물 따라 아득히 흘러가니,
별천지 따로 있어 인간 세상이 아니라네.

📖

언젠가부터 시간이
우리 몸 밖으로 빠져나갔다.

빠져나간 시간은
거대한 괴물이 되어 돌아 왔다.

째깍 째깍 째깍……
우리를 노예로 삼아 마구 부려먹기 시작했다.

시간을
몸 안으로 불러들여야 한다.

심장을 뛰게 하고
피를 돌게 하고
키를 키우고
사람들과 말을 나누고
천지자연을 만나게 하는 시간.

우리 호흡 속에
다시 머물게 하야 한다.

육조 혜능의 게송

깨달음에는 본래 나무가 없고,
마음의 거울은 틀이 없네.
본래부터 텅 비어 있는데,
그 어디에 먼지가 끼겠는가?

📖

우리가 어디에 있건
지금 이 순간이
진리의 꽃으로 가득 피어난다는 건
명상을 조금이라도 해 본 사람이면
다 느낄 것이다.
하지만 그 순간은 금방 지나고
우리는 다시
고통의 바다에 빠져들 것이다.
우리가 사는 세상은
물질을 숭배하는 세상이라
혼이 둘질의 두께에 짓눌려
신음하고 있다.

하지만 그것마저 환영이다.
우리가 물질을 숭배하지 않으면
물질은 제 무게를 잃고
허공으로 흩어져 버릴 것이다.

현자는 말했다.
우리가 어디에 있건
자신이 삶의 주인이 되면
그곳에서 진리가 피어난다고.

■ 작품 출전

신현득, <문구멍>. 아기 눈(재미마주. 2009)
데이비드 로렌스, <자기 연민>. 영국 시인
윌리엄 블레이크, <병든 장미>. 영국 시인
허영자, <蓮>. 暗靑의 문신(미래사. 1991)
경산 민요. 경북 경산 지방 민요
이옥봉, <꿈속의 넋>. 조선시대 시인
황진이, <동짓달 기나긴 밤을>. 조선시대 시인
김선우, <봄날 오후>. 내 혀가 입 속에 갇혀 있길 거부한다면(창작과비평사. 2000)
에밀리 디킨슨, <사랑은 이 세상의 모든 것>. 미국 시인
베르톨트 브레히트, <악한 자의 가면>. 독일 시인
폴 엘뤼아르, <커브>. 프랑스 시인
황인숙, <새는 하늘을 자유롭게 풀어놓고>. 새는 하늘을 자유롭게 풀어놓고(문학과지성사. 1988)
토머스 흄, <부두 위>. 영국 시인
왕양명, <산에서 보는 달>. 명나라 시인
마쓰오 바쇼, <오래된 연못>. 일본의 하이쿠 시인
아르튀르 랭보, <감각>. 프랑스 시인
강은교, <우리가 물이 되어> 우리가 물이 되어(문학사상사. 1987)
이수익, <그리운 악마>. 불과 얼음의 콘서트(나남. 2002)
환성 지안, <봄 구경>. 조선 시대 선사
정지용, <할아버지>. 한국 시인.
토머스 흄, <가을>. 영국 시인
샤를 보들레르, <이방인>. 프랑스 시인
김소월, <금잔디>. 한국 시인
이상, <꽃나무>. 한국 시인
한용운, <나룻배와 행인>. 한국 시인
윤동주, <호주머니>.한국 시인
에밀리 디킨슨, <무명인>. 미국 시인
조식, <우연히 읊다>, 조선 시대 시인
이달, <제사 지내는 노래>. 조선 시대 시인

데이비드 로렌스, <모기는 안다>. 영국 시인
랄프 왈도 에머슨, <우화>. 미국 시인
백거이, <학>. 중국 당나라 시인
정지용, <유리창1>. 한국 시인
박성우, <두꺼비>. 거미(창작과 비평사. 2002)
칼 붓세, <산 너머 저쪽>. 독일 시인
이성복, <그날>. 숨길 수 없는 노래(미래사. 1994)
신경림, <파장>. 농무(창작과 비평사. 1975)
권태응, <땅감나무>. 한국 시인
월트 휘트먼, <생각 >. 미국 시인
이달, <대추 따는 노래>. 조선 시대 시인
안도현, <위층 아기>. 나무 잎사귀 뒤쪽 마을(실천문학사. 2007)
이면우, <교신>. 아무도 울지 않는 밤은 없다(창작과비평사. 2001)
이동순, <술꾼 봉도>. 봄의 설법(창작과 비평사. 1995)
조식, <일곱 걸음에 지은 시>. 중국 위나라 시인
윌리엄 블레이크, <독나무>. 영국 시인
김기림, <바다와 나비> 한국 시인
서산대사, <눈길을 걸을 때>. 조선 시대 승려
윤동주, <또 다른 고향>. 한국 시인
이상화, <빼앗긴 들에도 봄은 오는가>. 한국 시인
이경림, <사람 지나간 발자국>. 시절 하나 온다 잡아먹자(창작과비평사. 1997)
월트 휘트먼, <아름다운 여인들> 미국 시인
윌리엄 워즈워드, <무지개>. 영국 시인
권태응, <감자 꽃>. 한국 시인
함민복, <소스라치다>. 말랑말랑한 힘(문학세계사. 2005)
조이스 킬머, <나무들>. 미국 시인
조말선, <매우 가벼운 담론>. 매우 가벼운 담론(문학세계사. 2002)
문정희, <우울증>. 양귀비 꽃 머리에 꽂고(긴음사. 2004)
김경미, <표절>. 이기적인 슬픔들을 위하여(창작과비평사. 1995)

정약용, <홀로 웃다>. 조선 시대 시인.
이백, <달 아래에서 홀로 술을 마시다>. 중국 당나라 시인
김삿갓, <멀건 죽 한 그릇>. 조선 시대 시인
두보, <봄비 내리는 밤>. 중국 당나라 시인
가도, <도인을 찾아서>. 중국 당나라 시인
이백, <산중 문답>. 중국 당나라 시인
육조 혜능의 게송, 중국 당나라 선사

명시 인문학

지 은 이　고석근
펴 낸 이　김홍열
디 자 인　김예나, 윤덕순

초판발행　2011년 12월 10일
펴 낸 곳　율도국
주　　소　서울시 도봉구 도봉동 609-32 (3층)
출판등록　2008년 07월 31일
전　　화　02) 3297-2027
팩　　스　0505-868-6565
홈페이지　http://www.uldo.co.kr
메　　일　uldokim@paran.com
I S B N　978-89-97372-01-0
가　　격　9,000원

이 책 내용의 일부 또는 전부를 상업적으로 이용하려면
저작권자의 동의를 얻어야 합니다.